AF559459

Geest-Verlag
Verlag für engagierte Literatur

*Herzlichen Dank an Lilli Geyer
für die Illustration*

Inga Hagemann

Inga Hagemann
Vera
Geest-Verlag 2023

ISBN 978-3-86685-933-3

2. Auflage, Juni 2023

Verlag: Geest-Verlag
Lange Str. 41 a,
49377 Vechta-Langförden
Tel. 04447-856580
www.Geest-Verlag.de

Druck: Geest-Verlag

Printed in Germany

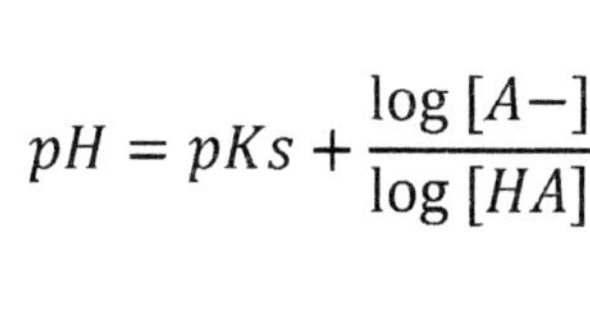

$$pH = pKs + \frac{\log [A-]}{\log [HA]}$$

Was mich hält?

Meine Tage mit dir.

Vorwort

Damals
Gabst du mir einen Namen
Aus Versehen
Und doch immer wieder

Von da an wurde ich
Was du mich nanntest
Wurde ich so
Wie ich dich sah

Vera

Gegenwartsdiagnose

Ich bin ein sehr trauriger Mensch
Am liebsten lache ich
Laut und breit

Ich denke oft zu viel nach
Zwischen Hochs und Tiefs
Leb ich nur im Hier
Und nur im Jetzt
Oder weit
Zu weit
In der Vergangenheit

Nur manchmal
Da
Verlier ich mich
In der Zukunft

Ich habe so furchtbar Angst zu sagen
Wie fest gefesselt ich in mir
Tag für Tag
Feil ich Ehrlichkeit mit Witzen ab
Doch

Es ist Zeit
Dir zu zeigen
Wie verloren ich grad bin
Dies
Dies ist der Beginn

Ich hab so Angst …

Zukunftsangst

Obwohl stets verdrängt
Schleicht sich
Das Gespenst der Zukunft ein

In meinem Kopf ticken tausend Uhren
Mein Herz flimmert
Klappert
Rast

Fragen rollen schneller
Als Antworten purzeln können
In Retrospektive
Erst Jahre später

Und mein Mut
Der flüchtet
Aus offenen Fenstern

Was willst du später mal …?

Ich bleib jetzt öfter wach
Denk
Ich muss die Welt aufholen
Vor lauter Existenzgespinsten
Fürchtet meine Hand
Schon den Griff zum Stift

Und schon wieder öffne ich Notizen
Schreibe bloß eine Zeile
Einen Vers
Belasse es dabei

Willst du nicht doch Juristin werden?

Vom Leben / leben von

Und genau das verstehst du nicht
Dass ich nicht lebe
Wenn ich nicht tue
Wovon ich nicht leben kann

Weltflucht

Zurzeit
Flieh ich mich in Kunst
Jag mir etliche Filme
Zwischen die Synapsen
Nur um den Kreisel in meinem Kopf
Mal für den Moment
Zu unterbrechen

Stoße dabei einen neuen an
Beide kreiseln Tango
Und wer größere Bahnen zieht
Gewinnt
Mich
Für einen Tagtraum oder zwei

Zurzeit
Flieh ich sowieso sehr viel
Vor mir
Vor dir
Und auch vor all den Dingen
Die größer als wir
Alle

Der Schnee ist nass
Winter zu heiß
Und ich weiß
Noch nicht
Ob mich fliehen retten wird
Oder schon tiefer fallen lässt

Baldrian

Nachts
Fliegt mir alles durch den Kopf
Ängste und Sorgen
Von heute
Von morgen
Und schlafen fühlt sich an
Wie ein Verlust
An Lebenszeit

Dann stell ich mir deinen Körper vor
Warm und groß
Und vor mir liegend
Dass er seine langen Gliedmaßen ausstreckt
Mich umarmt
Über mir ein warmes Lächeln

Mir fließen dann
Ein Taschentuch voll Tränen
Wirken wie Baldrian
Und bald darauf
Wiegt mein Kopf leichter
Schlaf findet Ruhe
Wieder
In mir

Feuer fangen

Manchmal fängt mich Feuer
Bis ich brenne
Ausbrenne
Und du mich wieder neu entflammst

Doch dann kamst du.

Vorm Kühlschrank

Von draußen kriecht Kälte durch die Türdämmung. Billiges Silikon, noch aus den 70er-Jahren. Es wintert, denk ich traurig, mir bläst eisige Luft ins Gesicht. Bin auf der Suche nach Kräuterkäse, Brot, Butter. Ein Blick auf die Küchenuhr, schräg rechts.

Gedanke

Plötzlich
Wie ich da so vorm Kühlschrank hock
Denk ich an dich
Kleiner Zeiger auf fünf

Kräuterkäse, Brot, Butter

Krabat

Im Theater sitzt du jetzt. Wahrscheinlich. Mittelalt inmitten Jung.
Es wird Krabat aufgeführt, ich kenn einige der Raben. Hier im Urlaub ist es schön, doch ich sehne mich nach Hause. Will wieder in Gesichter blicken, die zurückzulächeln wagen. Wollen.
Werd ich dich bald sehen?

Flurslalom und Eiscafé

Zwischendrin sah ich sie einsacken.
Die Ellbogen auf den hohen Fensterbänken abstützend, gestreifter Stoff auf grauem Stein, vergrub sie ihre Hände im Haar.
Kurz. Stoppelig. Grob gesträhnt.
Ihre blauen Augen geschlossen hinter den runden Brillengläsern.
Sie atmete lang aus, wie eine Frau in gelb getupfter Yoga-Hose.
Und dann wieder ein. Tief.

„Alles gut?“, fragte ich.
Sie griff hastig nach ihrem Schlüsselbund.
„Ja klar.“
Ein flaches Lachen.
„Zu viele Treppenstufen.“
Dann ein kurzes Zögern.
„Und man wird auch nicht jünger.“

Wir gingen den langen Flur hinunter, einen von etlichen. Ich starrte auf den Boden, so hässlich grau meliert, so wunderschön bekannt. In letzter Zeit war ich oft nostalgisch, auch in den Momenten selber – so als sähe ich die Gegenwart bereits im Rückspiegel.

„Gleich brauch ich erstmal einen Kaffee", hörte ich sie irgendwann sagen. Ich lachte auf, bejahte erst, dann schelmisch:
„Oder wir gehen Eis essen."
Da zwinkerte sie leicht, grinste rund, vielleicht noch runder, als sie es sonst tat, wiederholte:
„Oder wir gehen Eis essen ..."

Treppenhaus

„Hallo."

Dein Blick trifft mich wie Honig
Tropft süß, klebrig mein Organ entlang

Es schlägt schneller, weißt du das?
Viel schneller
Als bevor ich deine Stimme
Schon im Treppenhaus vernahm

Und jedes Mal wundert's mich
Wie viel Macht
Über mich
Du wirklich hast

Hast mich lieben lassen.
Vor allem dich.

Sie

Da sah ich sie
An der Reling stehen
Ellbogen hoch angewinkelt
Das lockere Gewebe
In die Achseln fallend
Während sie sich durch
Ihre strubbeligen Haare fuhr
Mit diesen wulstigen Händen
Im Platinblond-Meer

Aber egal wie oft ich vor ihr stehe
Sie vor mir stehen sehe
Es kommt mir einfach nicht
Über die Lippen
Das Geständnis
Dass ich sie liebe

Weil ich jetzt vorm Spiegel
Mich nicht mehr verbiege
In unmöglichste Formen
Durch unmöglichste Normen

Ich bin frei
Und nicht mehr konform

Indigopulli

Auf deinem Indigopulli stand kursiv *„Love yourself”*, das weiß ich noch, als wär‘s eben gewesen.
„Oh, das passt zu Ihnen!“, meinte ich, aber ich denk, du hast mich nicht gehört. Oder mir nicht ganz geglaubt.
Auf jeden Fall lachtest du nur und ich wünschte, ich hätt‘s noch aufrichtiger gesagt. Weil es wirklich stimmte!

Wer, wenn nicht du, kann so ein Blau mit nur ‘nem weißen Kragen bändigen und ohne auch nur ein bisschen zu munkeln die Botschaft *„Liebe dich selbst“* auf der Brust tragen?

Ich las den grünen Schriftzug noch etwa einhundert Mal, bevor es schließlich schellte.

Dein Haargewitter und die blauen Augen

Körper im Gespräch

„Und, wie geht‘s dir?“, fragte sie mich nach dem ersten Schluck Milchkaffee. „Ganz gut“, antwortete ich.
„Uni ist überwältigend, aber …“
„Es ist auszuhalten?“, beendete sie meinen Satz.
„Meistens. Manchmal wird‘s mir ein bisschen zu viel, dann krieg ich Angst. Wenn ich merke, wie dünn das Netz ist, das mich gerade hält.“ Verständnisvolles Nicken.
„Aber… wer kommt auch auf die Idee, Philosophie zu studieren? Wohl nur Romantiker wie ich, mmh. Oder Leute, die später bei Edeka landen wollen.“
Ich schnaufte, nahm erstmal einen weiteren Schluck Kaffee.
„Also doch nicht alles gut, mmh.“
„Ne, irgendwie nicht.“

Kurz wanderte mein Blick zu einem der Kellner, er umkreiste unseren Tisch, balancierte ein Tablett. Seine Augen stachen Blau, sein Lächeln erinnerte mich an …

„Und bei dir?“
„Nicht so prickelnd.“
Kurz stutzte ich. Dann:
„Wo drückt denn der Schuh?“
„Du klingst wie Mama.“ Schmunzelte.
„Gibt Schlimmeres, als wie deine Mama zu klingen.“

„Ach, ich bin ein Wrack, seit ich meine Tochter zur Welt gebracht habe. Da ist - da sitzt - nichts mehr. Es ist einfach alles –“
„Steh mal auf.“
„Was?“
„Komm, mach schon!“
„Äh, das hier ist ein öffentliches Restaurant, ich werde sicherlich nicht –“
„Nun zier dich nicht so, der Kellner hat eh schon ein Auge auf dich geworfen.“
„Du weißt, ich bin –“
„Vera!“

Sichtbar missmutig tänzelte meine Freundin einmal um die eigene Achse.
„Zufrieden?“, fragte sie gereizt, setzte sich schnell wieder.
„Gott, wie peinlich. Die Frau da drüben guckt schon …“
„Hast du Augen im Kopf?“
„Ja, ja, verarschen kann ich mich selber!“
„Ne, ernsthaft jetzt.“
„…“
„Ist das Kleid eigentlich von Zara, da habe ich letztens genauso eins gesehen.“
„Verarschen kann ich mich selber, ok?!“
„Das ist doch albern! Was soll ich dir denn sagen? Soll ich dir zustimmen, obwohl –“
„Die Wahrheit, sag mir einfach die Wahrheit!“
„Aber ich sage dir die Wahrheit!“
Daraufhin war es kurz still.

„Ich sehe aus wie Mama …"
„Du, ich –"
– wusste nicht, ob ich es sagen sollte.
„Bin mir auch sicher, dass der Kellner gar nicht mich anhimmelt, sondern dich. Denkst du nicht? Hast du denn Augen im Kopf, du? Frag mal meinen –"
„Ich find deine Mama wunderschön."

„Was?"
„Na ja, schon damals fand ich, dass …"
„…"
„Ähm … Ich fand es einfach immer toll, dass sie ihren Körper nicht vor uns, also ihren Schülern, versteckt hat. Sie hat zu sich gestanden. Ich glaube, dass das vielen von uns geholfen hat."
Vor allem mir.

„Sag mal, sprechen wir von derselben Mama?“

„Hast du neuerdings zwei?“

Sie streckte mir ihre Zunge raus, an der Zungenspitze klebte noch ein Tupfer Milchkaffee.

„Ich mein nur, weil … Mama ist so selbstkritisch. Immer schon gewesen und wahrscheinlich mit jedem Kind mehr. Dreht sich ständig wie ein Kreisel vorm Spiegel.“

„Echt?“

„Echt.“

„Oh.“

Plötzlich fühlte ich mich so naiv.

„Es hat mir trotzdem geholfen, das zu sehen“, beharrte ich.
„Glaub ich dir. Und wie schön, dass Mama das für dich sein konnte. Wie sagt man? *Never meet your idols …*“
„Mmh …“

Bin ich ihr wirklich nie begegnet?

„Sie hat mir gezeigt, wer ich sein kann, als ich es selbst noch nicht wusste. Ich weiß gar nicht, wie ich ihr das jemals danken könnte.“
„Vielleicht sagst du‘s ihr einfach mal.“

Kurz bevor unsere äußerst schmal geratenen Kuchenstücke gebracht wurden, von dem Kellner mit dem tollen Lächeln und den noch tolleren Augen, fragte Vera plötzlich: „Wenn du so vernarrt in meine Mama bist, hast du dann schon ein Buch über sie geschrieben?“ Dabei grinste sie frech.
Aber weil ich so überrumpelt war, schwieg ich - zu lange.
Vera quiekte: *„Ernsthaft?“*
Ich nickte, unsicher, knetete meine krummen Daumen.
Und als sie dann meinte, es unbedingt lesen zu wollen, lächelte ich bloß stumm vor mich hin. *Sicherlich nicht*.

Lernte zwischen euren Zeilen.

Blick in den Spiegel

Aus dem Augenwinkel erhaschte er einen Blick auf sein Spiegelbild.
Zwei dunkelbraune Augen blickten ihm entgegen, etwas verschwommen, da er seine Brille noch nicht trug.
Darüber buschige Brauen, umzogen von vielen kleinen Fältchen des Alters und separiert durch zwei parallele, tiefe Denkerfalten.
Seine Lippen waren schmal und wurden tatsächlich noch schmaler, wenn seine Grübchen hervortraten.
Die Nase, so von vorne betrachtet, war gerade und lang, doch er wusste um ihre erhebliche Krümmung.

Hemdkragen

Sein Hemdkragen blitzt
In der Menge
Ragt hervor
Ein Streifen Himmelblau
Der fast verwolkt
Vom dunkelblauen Pullover

Wie ein Magnet
Zieht er meine Blicke an sich
Der Augennebel zieht vorbei
Ich starre

Inständigst hoffe ich
Dass wir die Einzigen enthüllt
Dass ich die Einzige gefangen
In seinem Bann
Denn schon die zweigeteilte Blöße
Beschämt mich zutiefst

Zisch

Es raschelt kurz.
Das bedruckte Papppapier reibt gegen die dünne Folie. Danach dieses typisch dumpfe Geräusch beim Öffnen von verankerten Deckeln.

Zum bereits dritten Mal zieht er eine hinaus, geht hinüber zum Feuerzeug und zündet sie an. Ich lausche.

Zisch

Wie er seine Finger dabei anwinkelt.
Wie er dem Rauch entgegenstirnt.
Wie der kleine rote Punkt vor seinem Pullover glüht.

Alles daran scheint so distinktiv.
Und doch vollkommen neu.

Es ist das erste Mal,
dass ich ihn rauchen sehe.

Er

Noch immer muss ich mich beherrschen
Ihm nicht allzu offensichtlich nachzusehen

Noch immer sind meine Gedanken nur bei ihm
Dem Mann
An dem alles Banale so sonderbar scheint

Sein Kinn blitzt kantig
Mündet in einem stoppeligen Bart
Mit einem Lineal
Könnte ich es mit seinem Haarschopf
verbinden
Eine schwarze Tintenwolke
Bereits durchsprenkelt von Weiß

Und sein leichter Bauchansatz
Passt zum gedunsenen Gesicht
Das
Wenn seine Augen leuchten
Vom Lächeln überdehnt

Ich mag
Dass sein Körper ehrlich zu mir ist
Auch wenn seine Hand Faltencreme hält

„Ist ok."
Will ich ihm sagen.
„Du faszinierst mich auch so."

Wie ich dich seh

Bist
Ein sanfter Mann
Mit Windjacke
Und Wolkenhemd

Sprichst
Wie auf heißen Kohlen
Doch mit einem Zynismus
Der Becken trieft

Sagst
Du hast keinen Sinn
Für Poesie
Dabei
Liebst du
Schöne Frauen

Am meisten
Sie

Vom Gehen / gehen von.

Trostdiskurs

Und plötzlich stand ich da
Um dich zu trösten
Ohr immer offen
Obwohl mir selbst
Laut Tränen flossen

Und plötzlich standst du da
Um dich selbst an mir
Zu trösten
Obwohl ich doch zu traurig war
Um überhaupt
Zu wissen
Wie

Radtaschenphantom

Ich sehe dich
In den Radtaschen mittelalter Männer
Wenn eckige Augen mich fixieren
Und ihr Lächeln auf einmal ganz rund wird

Ich sehe dich
Dein Phantom
Das trigonometrisch durch die Sanddünen
Saust
Hin und her
Kreuz und quer
Sie leer fegt und

Ich sehe dich
Überall
Doch wir uns nicht mehr

Hab und gut / hab es gut

Lege ab

Die Uhr
Die ich trug
Als mich deine Augen
Zuletzt streiften

Trage noch

Das Parfüm
Das du als letztes umarmtest
Bevor Worte versiegten
Und Stille zum Abschied drängte

Fang mich auf. Halt mich.
Nur noch ein bisschen.

Zufluchtsort

An vielen Tagen komm ich zu dir.
Auch wenn ich eigentlich gar nicht sollte.
Wenn wieder Bomben fallen, da draußen und
auch in mir alles bricht.
Du mein Zufluchtsort bist.

Mir so anders. Mir so gleich.

Dann lassen wir Stille für sich sprechen
und ich jedes Wort wirken. Weil ich bei
dir wie nirgends ehrlich spreche.
Und mich Dinge sagen hör, die ich so roh
noch nicht mal gedacht.

Prüfungsduft

Und wieder riech ich dein Parfüm
Diese unverkennbare Mischung
Aus Chemie und Blumen

Ich recke meinen Kopf
Ein Stückchen höher
Glotze in die Schülermassen
Doch von dir keine Spur

Lächle nun
Immer bei mir
Biege um die Ecke
Zum Prüfungsraum

Das Parfüm

Destillierter Apfelwein
Aus ausgeklügelten Vanilleschoten
In Essigsäureethylester
Mit nem Tropfen Lillet
Zwischen Van der Waals
Und Brückenbindung
Vielleicht noch Dipol-Dipol
Hängt geschlungene Wolle
Gewaschen echt
Dein Lächeln
Shaken not stirred

Ihre Blumen

Schauer
Reifen
Rollen
Kantig
Will dich eigentlich überholen
Links
Doch du riechst nach ihren Blumen

Duftschnur dringt
Zu mir
Ich dir vor
Auf den Leib
Bin dein Schatten
In der Dunkelheit
Jetzt rechts
Rollen
Im Schauer
Reifen
Kantig

Sehen / gesehen werden

Niemand sieht mich
So tief
Wie du

Vielleicht seh ich mich
Bei dir
Nur selbst

Alp(en)traum

07.00
Es passiert in den Alpen. Deine Augen –
braun oder blau? Deine Brille hölzern auf
den vielen Falten, die sich seit dem
Sommer sonnen gelegt.
07.05
Falten in behaarten Wangen, ich in lauem
Schnee. Frostpunkt 0 Grad. Frostpunkt in
meinen Daumen, Daunen. Frostpunkt, doch
ich bleibe,
schreibe, dich noch eben fest.
07.10
Komm, dreh deinen Kopf nochmal, dein
Brillenglas nicht weg! Nochmal, du, bleib
mal, genauso wie jetzt gerade, guckend.
07.15
Nochmal. Komm schon! Wie du mich siehst,
liest, siehst mich doch, oder? Oder?
07.20
Siehst mich, liest mich, immer noch? Doch!
Du, ich –
07.25
– hasse Montage.

Acht Wochen

… gleich hüpf ich wieder zwischen Wassermoleküle, aber vorher …

Meine Absätze klackern übers Steinparkett und du lachst mir ganz breit zu, wie die Puddingschnecke in meinem Grinsen. Um 10 Uhr, vielleicht Viertel nach, seh ich dich auf einem IPad - schräg oben rechts, Streifenhemd, vor Norderney. Später, so um 2, vielleicht Viertel vor, nennst du mich wieder alles, außer meinen Namen und wir beide lachen - am meisten du. Zum Abschied, das ist kurz vor 4, zwinkerst du mir zu, ziemlich so wie damals er und lässt uns früher gehen - fünf Minuten vor dem Schellen. Hältst an der Kreuzung, blinkst mich an, lächelst stark - trinkst deinen Kaffee ohne Milch? Ich winke zurück, es ist Grün und 4, fahre los und sehe dich noch knorrig hinterm Steuer sitzen.

… nur noch acht Wochen, noch acht Wochen, acht Wochen, nur noch acht, acht,
ach, du …

Fern von hier.
In Gedanken bei dir.

Brief: September in Paris

Chère Madame,

Paris´ wahre Schönheit liegt in den Menschen, die hinter den grau gewaschenen Betonklötzen leben,
mit den komisch kleinen Gärten darauf.
Grün, das sich durch weiße Gitter gräbt.
In den Glühbirnen, die gegen Nacht in allen Gassen erlöschen, und Staubsaugern, die selbst hier durch die Fassaden dröhnen.
Alltäglichkeit zeigen. Menschlichkeit.
In den warmen Unterhaltungen, die ich mit Malern, Restaurantbesitzern und Métro-Gängern hatte.
Et tout en français, bien sûr!

Ansonsten ist Paris hässlich.
Zigaretten hängen aus allen Mundwinkeln,
an Bahnausgängen dagegen blinken penetrant Pharmaziekreuze. Die Ironie. Dixi-Klos werden auf Baugerüsten balanciert, rote Ampeln mit besonderer Egozentrik ignoriert.

Und mittendrin sind Hunde auf Fahrradwegen ausgesetzt,
während Drogenabhängige genug Empathie aufbringen, von E-Rollern überrollte Tauben in ihre Handflächen zu heben.

Aber Paris lebt.
Und zum Glück nicht nur in schönen Bildern.

Obgleich das hier jetzt mein Eindruck ist, müssen Sie bei Gelegenheit unbedingt Ihren eigenen gewinnen!

Es lohnt sich.
Es prägt.

Damit
A bientôt

Zu fühlen wagen.

Nostalgie

Mein Herz
Tut so weh
Vom Tragen
Der Erinnerung
An dich

Finger voller Glitzer
4. Türchen
Tunke ich noch immer
Pommes in McFlurry

Wie kann es sein
Dass Eigenarten bleiben
Aber Tag für Tag
Du mehr verschwindest

Heimalm

Ein letzter freier Tisch.

Du setzt dich, deine grauen Stiefel knirschen und knacken, vor Schneeplatten und Pommesfett. „Gib mir mal den Rucksack“, ich winde mich, „Hier.“ und wir essen unsere schnell belegten Brote, Nutella unter Zwetschgenmus.

Sie sind rund und halb und eingedellt, unsere Brote, deine Thermoskanne hat sich tief hineingebuddelt. Auch du bist rund – dein Bauch, dein Lächeln – blickst mich an, gähnst dann lang und ich grinse – kurz.

Klapp meine Air Pods auf und spiele deine Playlist ab, meine Zehen frieren noch bis zum dritten Song: „Anita“.

Stuhlprojektion

Du würdest sitzen so wie er
Hoher Tisch, tiefer Stuhl
Beine in ein Kreuz gelegt

Du würdest mich grüßen, sehen
Ein, zwei Worte wechseln
Und dann gehen
Ganz ruhig, ganz sanft
Mit so viel Nähe und Distanz

Und es fehlt
Das Schauspiel
Das meinen Körper überfiel
Wenn ich deinen Bierblick auf mir wusste
Wie ein Vater so sein Kind
Wurd ich stark in deiner Iris

Lass mich nicht meinen Kopf
In deinen Augen verlieren
Nicht noch einmal
Nicht noch immer
Du bist zu wertvoll
Um von mir geliebt zu werden

Brief: Meine alte Liebe

Meine alte Liebe,

auf unserem Esstisch, ein Nussbraun, das du nie gesehen, liegen meine Zeilen über dich. Abgedruckt, eingepackt. In Folie.
Mama liest sie und sagt, ich schreibe reif, erwachsen. So, als hätt ich es in echt erlebt. Dabei hab ich´s doch bestimmt nicht - oder …

Sag mir, altert es mich?
Dich nur für Sekunden ansehen zu können. Bevor es zu sehr auffällt, sie schon guckt. Du mich an.
Dass ich mich allzu oft nach dir sehne, flach lächle überm Schmerz, der mich flutet. Bei Milchkaffee und Streuselkuchen. Aber du einfach nicht kommst. Kommen kannst.
Das weiß ich ja.

Ja, vielleicht macht mich das älter, obwohl ich mich kindisch fühl wie nie. Dich noch immer so zu wollen.

Lachst du mich aus?
Wenn meine Pupillen sich weiten und du zu mir runterguckst, in Babyblau.

Mir ist nach Zigarette zumute. Rauchen vorm Spiegel. Dann würd ich dich in meinem Abbild sehen.
Damals. Draußen.
Sieh nur, was du mit mir machst. Schenkst mir Kaminbilder in kalten Nächten.
Doch nicht dich selbst.
Nein, nein, das kannst du nicht.

Ich liebe dich.

Noch immer.

Liebe ist mächtig.
Liebe hat Macht.

Krieg vom selben Blut

Olga

Zwei Tage seit dem letzten Beschuss. Schon seit Wochen nährt die Linie nichts als gelegentliches Regenwasser, das zugleich die Brote durchweicht.
Nichts als Wasser und Brot. Brot wie Wasser. Brot ohne Spiele.
Ich bin Geschichtsstudentin. Gewesen, vor dem Krieg. Jetzt schreiben wir Geschichte, doch es fühlt sich wenig historisch an, eigentlich durchweg ernüchternd. Krieg, das habe ich in den letzten Monaten gelernt, hat grausame Realitäten, die sich hinter der glorreichen Schale verstecken. Wobei sie sich eigentlich nicht verstecken, nein, das tun sie wirklich nicht. Wir sind nur zu blind, sie zu sehen. Oder wollen blind sein. Blind.

Mit das Schlimmste ist, dass wir nicht wissen, wer sie sind. Unsere Gegner. Sie kommen aus einem anderen Land, einem

riesigen Volk, das sich anderer Völker annimmt. Mehr wissen wir nicht.
Wir kennen keine Gesichter.

Alexander

Zwei Tage seit dem letzten Angriff. Langsam aber sicher geht uns die Munition aus. Ein schwer verwundeter Kamerad reicht mir ein triefendes Stück Mullbinde, ich gucke in die rote Pfütze, die es zu meinen Füßen hinterlässt. Fleischwunde. Mitten in meinem Gesicht.
Vor drei Wochen ist ein Soldat gestorben, einer von vielen, sein Name war Ravi. Ravi war mir seit einem Vierteljahr eine Stütze gewesen, wir lernten uns in der Armee kennen. Er war mir ein Vorbild, der Inbegriff von Lebendigkeit, Lebensdrang. Kurz bevor die feindliche Artillerie ihn traf, sagte er zu mir, ich weiß es, als wäre es gestern gewesen, er sagte: „Wir alle werden in diesem Krieg unsere Opfer bringen. Manchen wird ihr Opfer ein Arm

oder ein Bein sein, eine Erinnerung oder ein Freund. Aber manchen, vielen, wird sogar das Leben selbst genommen werden.“
Weil mir die Wahrheit dahinter Angst bereitete, entschärfte ich sie schnell mit: „Die Kugel will ich erstmal sehen, die sich in deine Nähe traut.“ Und wir lachten lautstark.
Heute, drei Wochen später, laufe ich allein durch den Schützengraben. Die Kugel hatte keine Achtung vor Ravi gehabt, weil der Mensch hinter ihrem Abzug verschwunden ist. Dieser Tage drücken Tiere ab.

Olga

Wer spielt diese Schachpartie?
Es kommt mir so vor, als gäbe es nur Schwarz und Weiß, doch dieser Krieg ist eine einzige Grauzone. Wer steht wo? Wer trägt welche Farbe?
Weiß.
Sie haben zuerst gezogen.
Und uns überrannt.

Alexander

Wie ich zur Armee kam?
Eines Morgens hieß es „Mitkommen!“ und ich stand auf. Vom Frühstückstisch. Wassertau von meinen Stiefeln perlend, musste ich Richtung Front marschieren. Wobei ich anfangs gar nicht so genau wusste, wo diese eigentlich war. Vielleicht gab es sie zunächst auch nicht.
Aufrüsten. Bereit. Sein. Und –
Wir mussten so viel zurücklassen.

Olga

Ich musste so viel zurücklassen. Alles das hier tue ich für meine Familie. Sogar mein Land. Ich bin nie für Patriotismus gewesen, denn ich weiß um unsere Vergangenheit. Doch es braucht Antrieb, Wille, um jeden Morgen, Mittag, Abend zu den Waffen zu greifen. Den Kopf auszuschalten und nachzuladen. Auf Hüllen zu schießen, die danach leblos zu Boden fallen. Eigentlich bin ich des

Wollens müde. Eigentlich will ich aufgeben. Will, dass wir aufgeben. Will –

Alexander

14 Uhr 36. Die Schreie gehen wieder los.
„Flieger! Flieger! Flieger!“.
Ich will mich nicht ducken, doch ich werde zu Boden gezogen. Wir nennen sie Brieftauben. Die Flieger. Sie senden eine Botschaft, sind die Botschaft, sind –
„Welle auf 12 Uhr!“. „Vorrücken!“. „Zu den Waffen!“.
Hör auf nachzudenken, hör auf, hör auf, hör auf.
„Kamerad –“

Olga

„– es geht los! Vorrücken!“
Ich war noch nie in der ersten Welle. Das Kanonenfutter. 14 Uhr 43.
Warum. Warum. Warum.

Erst zehn Schritte und sie fetzen die ersten Löcher. Zehn Schritte, zehn Menschen. Vielleicht mehr. Sicher mehr. Wie zerknallte Papiertüten gehen sie zu Boden, Lungen entleerend. Der Boden schwankt. Es ist wie immer. Immer. Immer. Immer.

„Vorwärts!“

Ich spüre meine Füße den Boden nach vorne abschleifen. Befehl, muss also, muss. Abdrücken. Einmal. Zweimal. Dreimal. Mein Schädel dröhnt schon. Hör auf. Hör auf zu zählen. „Nachrücken. Zweites Bataillon, Richtung –“
Wage mich. Wage weiter.

Alexander

„Weiter! Weiter!“ Weitere Tote. Weiteres Blut. Blut. Blut. Ich blute. Ich –

Olga

Stürze mich auf ihn. Den Soldaten vor mir. Reiße ihm die Flagge von der Brust. Drei Streifen, diese drei grellen Streifen, sind mein Stier-Rot. Waffe. Messer. Ich will ihm die Kehle aufschlitzen. Will. Den Helm abreißen. Muss. Nur. Noch. Den. Helm.

Alexander

Ich stöhne auf. Gleißendes Licht schlägt mir in die Augenhöhlen. Frühling. Frühling. Frühlingsluft. Ich will doch nur noch –

Olga

Vergessen. Dieses Gesicht vergessen. Es ändert alles. Alles. Wie viele andere …

„Was willst du später eigentlich mal werden?" „Ähm, keine Schwerverbrecherin ist eine Antwort, oder?" „Jetzt mal ernsthaft. Historikerin?" „Mmh. Du? Künstler?"

„Vielleicht." „Dann werde ich Journalistin, muss doch schließlich jemand über deine Kunst berichten." „Danke auch, du erbarmst dich." „Amen."

Meine Hände greifen zu meinem Helm. Reißen. Die Erinnerung. Mit sich. Wird er mich –

Alexander

Erkennen. Ich erkenne sie. Ich –

„Werden wir uns aus den Augen verlieren?" „Wie meinst du?" „In ein paar Jahren?" „Nee. Ich brauche dich doch." „Ich weiß." „Gefällt dir das?" „Ich dich auch." „Gut." „Ich könnte dich nicht verlieren." „Ich werde nicht gehen." „..." „Du auch nicht?" „Nein. Nicht ohne dich."

– habe sie überall gesucht. Habe sie vermisst. Uns. Unsere Gespräche.

„Nein“, höre ich mich sagen. „Das kann nicht, ich –“

Olga

Bin Atemlos. Sprachlos. Für einen Moment. Oder auch zwei.
Etwas in mir zerbirst in diesem Moment und setzt sich nicht wieder neu zusammen. Kann mich nicht lösen, von seinem Anblick. Aber ich muss mich lösen. Muss -
„Vorrücken! Bataillon drei!“
Plötzlich bemerke ich, dass das Gefecht nicht schläft, die Wellen preschen. Weiter. Meine Stimme bricht mehrmals, bevor ich kreische: „Aufhören! Aufhören!“

Alexander

Ihre Rufe stiften Verwirrung auf dem Feld. Ich sehe es an den Helmen, die sich in alle Richtungen drehen.

„Hört doch auf! Seht ihr nicht? Seht ihr nicht?“
Und die ersten beginnen zu blicken. Hinüber, zwischen ihren Scheuklappen links und rechts.
Sie blicken, glotzen, doch hoffentlich hören sie auch:
„Wir sind vom selben Blut.“

Olga

Vom selben Stamm.
Wir sind vom selben Stamm. Alle. Jeder, der seinen Helm abnimmt, kommt mir irgendwie bekannt vor. Oder will ich es nur glauben? Eigentlich will ich es nicht glauben. Will nicht glauben, dass ich ihn getroffen habe. Hier. Vor mir. Unter mir.
Dass ich ihn fast …
Aber warum? Wie haben wir nicht gemerkt, dass wir gegen …
Blind.
Auch wir waren –

Alexander

Blind. So blind. Blind, blind, blind.
Ich wünschte, ich wäre es noch, um nicht in die Fratzen meiner Freunde blicken zu müssen. Aschfahl, kreidebleich, jung und doch alt. Meine Gegner.
Wie viele weitere liegen zu meinen Füßen?
Wut steigt in mir auf. Mir ist kotzübel. Kotzübel. Kotzü-
Sie haben es gewusst.
Sie haben uns einander abschlachten lassen, uns betrogen, sie –

Olga und Alexander

– haben uns benutzt.

Meine Freunde.
Ihr seid (m)ein Geschenk.

Marie

Du weißt
Ich hab so Angst
Nicht genug zu sein

Dann denk ich
Zumindest dir reich ich doch
Und du
Bist meine ganze Welt

Theresi

Quelle grande chose à dire
Que la raison
Pour laquelle
J'suis vivante
C'est toi

Wie riesengroß zu sagen
Dass der Grund
Aus dem
Ich lebe
Du bist

Freddie

Ich mag
Wie du sie malst
Die Blumen auf deinem Blatt
Ganz wässrig
Lau bunt
Fast zu zart
Um wahr zu sein

So wie all das
Was du in mir siehst

Hab‘s noch nicht ganz verstanden
Auch nach dreizehn Jahren nicht
Guck in dein Gesicht
Und denk
Wie schön es ist
Dich immer noch zu haben

Nach gestern
Und heute
Für immer
Ein morgen
Mit dir

Lara

Es war Liebe
Auf das erste Wort
Mit dir damals
An fernem Ort

Ich war
Ganz einsam in der Menge
Meine Lippen sagten nicht ein Wort
Nur Seite um Seite
Wurde voller
Dort
Schwieg ich vor mich hin
Obwohl ich doch so viel zu sagen

Das tatest du dann
Für mich
Ohne mein Fragen
Vermochtest zu erfassen
Was ich schon notiert
Und deshalb
Ich
So imponiert
War es Liebe
Auf das erste Wort

Pauli

Bist voll mit Sorgen
Um alle anderen
Doch nie dich
Selbst
Los
Wie niemand sonst

Und wieder ruf ich an
Sorgen am Display
Sorgen an mir
Drei Töne Lang
Dann
„Schieß Los!“
0 Uhr 4

Lina

Dein Kopf trägt dich
In den Urlaub
Auch wenn du noch
In den eigenen vier Wänden hängst

Siehst alles wie im Film
Erst in Silben
Dann in Versen

Wellen
Aus Salz
In Aquarellnuancen
Tanzen
Durch drei Grad

Und
Es ist wunderschön
Du bist wunderschön
Weißt du das?

Henni

Liebe,

du …

… bist wie ein starker Anker: mein Standbein in hohen Wellen, tiefen Zeiten.

… bist wie Kakao auf dem Weihnachtsmarkt: das wenige Warm in einer kalten Welt.

… bist wie Schaum auf Desperado: der Anfang und das Ende. Vom Glas. Von mir.

Bleib. Auf noch ein Bier.

Deine

Paula

Und ich liebe dein Lachen
Wie sich die mir allzu bekannten Konturen
Zu neuen Formen verkrümmen
Wie du frei scheinst in dem Moment
Und mich befreist

Nike

Es sind die Sanften …

… die sich übersehen.
… die leuchten wie Sterne an Seen.
… die wir nicht hören, doch müssen.
… die nachts in ihren Träumen küssen.

Es sind die Sanften, ihr,
Die ihr das Leben wisst.

Es sind die Sanften, die sind
Wie du bist.

Haifa

Zwischen Synapsenschmelze
Und Filmmarathon
Spritverschwendung
Auf Städtetouren im Rückspiegel
Dröhnt Depri Pop
Bis mein Handy Warnsignale schnurrt
Und wir immer wieder
Im Looping
Nach
Hause
Das
Du für mich geworden bist

Artiola

C'est ta manière
De toujours donner
Très particulière
Qui est
Pour moi
En vérité
La raison
De t'appeler
Ma reine

Es ist die deine Art
Stets zu geben
Die so besonders
Dass sie für mich
In Wahrheit
Der Grund
Dich
Meine Königin
Zu nennen

Vincent

Morgens
8 Uhr 10
Und die ersten Silben diskutiert
Schlägt tief ein Bariton
Aufs Holzgestell
Das neben mir platziert

„Und wie war dein Wochenende?"
Vorne Goethe, Schiller, Mann

Und schon wieder
Fängt ein Tag
Zum Glück
Mit dir
Von vorne an

Tete

Vielleicht
Ist das der größte
Unserer Fehler
Dass wir aneinander so fest glauben
Du an mich
Ich an dich
An uns selber nur
Mit gekniffenen Augen
Und verschränkten Fingern
Mittel über Zeige

Vielleicht
Ist das der Grund
Warum ich schreibe
Weil du gibst
Wenn ich dabei
Aufzugeben

Bleibe
Dann doch noch
Hoff
Du auch bei mir
Vielleicht

Lilli

Erst letztens schrieb ich dir
Lang ohne Worte
Doch plötzlich fand ich eins
Das ich nur dir sagen wollte

Ein Emoji
Dann das Wort
Direkt fort
All die Zweifel
Ob du dich fern gelebt

Und so selten nah
Doch niemals fern
Hab ich dich
Wie keine gern

Vanesa

Du
Findest immer wärmere Worte
Für außen
Als innen
Für Freunde als dich
Spinnen
Die Bilder im Spiegel?

Oder

Warum find ich dich
Viel größer
Als mich?
Auch wenn du
Zu mir aufschaust
Mein Gesicht
Grinst nie so sehr
Wie wenn ich dich seh

Versteh
Dass ich mich und mehr
In dir erspäh

Ich hab so Angst, aber …

Mutig, ich

Lass mich nun
Die Münder küssen
Die ich schon ewig küssen wollte
Und lang verstummte Worte sagen
Obwohl ich eigentlich nicht sollte
Nichts mehr vertagen
In einem Leben
Das bloß ein Augenblick

Von uns bleibt nichts
Außer jetzt

Meine Wohnung, bald

In meiner Wohnung
Wände blau
Hängen keine Bilder
Die mehr wert
Als ich mir

In meiner Wohnung
Dachgeschoss
Fliegen keine Teller
Egal ob Ikea oder handbemalt
Es kommt nur drauf
Was du magst
Denn ich mag ja
Vor allem dich

In meiner Wohnung
Randbezirk
Muss keiner vor 0 Uhr gehen
Weil Leben
Erst am nächsten Tag beginnt
Und die Nächte
Uns zusammenbringen

In meiner Wohnung
Bald
Will ich niemals schreien
Will ich niemands sein
Will ich niemals weinen
Will ich niemals morgens aufwachen
Und merken
Dass ich gefangen bei dir

In meiner Wohnung
In meiner Wohnung
Bin ich endlich fort von hier

Zusammen, wir

Wir werden zusammenleben
Und in Neugier vereint sein
Wir werden teilen
Das Geld
Von dem wir nicht viel haben
Aber ein Lächeln zahlt besser
Als Büros
Und keiner von uns
Kann die Kunst aufgeben
Die uns am Leben hält

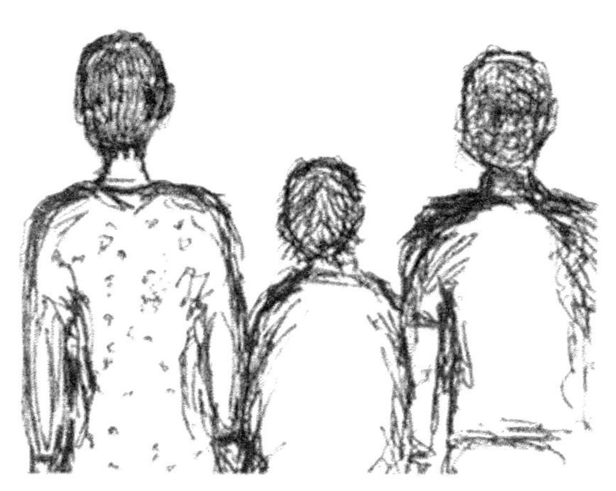

Zusammen, wir

Was mich hielt?
Meine Tage mit dir.

Du, ich …

Ich denk so oft
Ich bin wie du
Doch lieb ich mich
Nur halb so sehr

Nur halb so sehr
Doch lieb ich mich
Ich bin wie du
Ich denk so oft

Dialog: Warum wir lieben

„Du?“
„Mmh?“
„Lieben tut scheiße weh.“
„Mmh.“
„Warum machen wir‘s dann eigentlich?“
„Weil‘s sich sonst nicht lohnt.“
„Was?“
„Alles.“
„…“
„Dass wir aufstehen, obwohl die Welt uns nicht braucht. Und wir das wissen, aber nicht wissen wollen.

Was ist mein Sinn, warum, wieso, weshalb – bin ich hier?

Plötzlich sind da Menschen, die lächeln, wenn sie deine Schuhspitzen auf dem Treppenabsatz sehen. Die dein Parfüm schon aus der Entfernung erkennen.
Menschen, die dir auch über den halben Flur hinweg zuwinken, denen du einfach alles bedeutest.
Für sie stehst du auf, machst immer weiter. Und das ist gut, das ist lebenswichtig.
Darum lieben wir."
„Meinst du?"
„Mein ich."
„Oh."

Nachwort

Ich klammer mich an dich
Meine Muse
Doch muss ich gehen

Meine Silben
Waren so lang die meinen
Ich will sie dir
Zum Abschied geben

Lilli Geyer
@lilligeyer.art

Inhaltsverzeichnis

Inga Hagemann

Geb. 2004 in Vechta und meistens blau (gekleidet), hält sie seit schon immer einen Füller in der Hand –
und ihre Mitmenschen im Brillenglas.
Beiträge für verschiedene Anthologien und das Münchner Magazin „Zeitlichkeiten“ (Issue 6) widmen sich dem Kleinen, das uns füreinander so groß macht.
„Vera“ ist ihr erster eigener Band.
IG: @ingatheearthling (Achtung! Lyrik …)